michka

CONTE DE MARIE COLMONT
DESSINS DE F. ROJANKOVSKY

PÈRE CASTOR - FLAMMARION

© Flammarion 1941. Imprimé en France.
ISBN 978-2-0816-0240-3
ISSN 1768-2061

Michka s'en allait dans la neige en tapant des talons.

Il était parti de chez lui ce matin-là, comme le jour commençait de blanchir la fenêtre ; de chez lui, c'est-à-dire de la maison d'Elisabeth, sa jeune maîtresse, qui était une petite fille impérieuse et maussade.

Lui, c'était un petit ours.

En peluche.

Avec le dessous des pattes en velours rose, deux boutons de bottine à la place des yeux, trois points de laine à la place du nez.

En se réveillant, il s'était senti tout triste et dégoûté. Elisabeth n'était pas gentille ; il lui fallait vingt-cinq joujoux à la fois pour l'amuser et, quand on avait cessé de lui plaire, il n'était pas rare qu'elle vous secouât et vous jetât d'un bout à l'autre de la pièce ; tant pis s'il lui restait une de vos pattes dans la main.

— J'en ai assez d'être un jouet ici, grognait Michka
en se frottant les yeux de ses poings. Je suis un ours,
après tout ! Je veux aller me promener tout seul et
faire un peu ce qui me plaît, sans obéir aux caprices
d'une méchante petite fille.

Et bien que la chambre fût tiède et — tant qu'Elisabeth dormait — plaisante, Michka s'était sauvé en
passant par la chatière.

Maintenant, il s'en allait dans la neige...

Il levait haut les pattes, l'une après l'autre, et chaque fois qu'il en posait une, cela faisait dans la neige un petit trou rond.

Or, depuis bien cinq minutes, un roitelet le suivait. Ces roitelets, c'est farceur ; ça a la queue retroussée et ça sautille par-ci, par-là, on dirait toujours qu'ils se moquent de vous.

Celui-là faisait
« Piou !... Piou !... » dans
le dos de Michka et,
quand Michka se retour-
nait, vite il se laissait
tomber dans un des
petits trous ronds que
les pattes de Michka avaient faits dans la neige.

— Hm ! disait Michka,
j'avais bien cru pourtant
entendre...

Et dans son trou, le roitelet
mourait de rire.

Mais tout de même, à la fin,
du coin de l'œil, Michka
l'aperçut.

— Brrr ! lui fit-il au nez en
se retournant d'un seul coup.

Pauvre roitelet !

Il eut si peur qu'en volant il emmêlait ses ailes et que ce fut miracle s'il ne tomba pas. Il se blottit sous un buisson et se tint désormais tranquille.

— Tradéridéra, tralala !

chantait Michka en continuant sa route, c'est très amusant d'être un petit ours qui se promène dans la campagne. Je ne veux plus jamais être un jouet !

Après ça, au pied d'un arbre où la neige avait fondu, il trouva un pot de miel ; une paysanne l'avait perdu sans doute au retour du marché. Mais le pot de miel était fermé et Michka ne savait pas dévisser le couvercle. Après avoir

essayé de toutes les manières, il devint furieux.

— Tiens, grande bête de pot, dit-il en lui lançant un coup de pied, va-t'en où il te plaît !

Et le pot se mit à rouler et, roulant, il buta contre une pierre, s'ouvrit en deux : voilà le miel !

— Mm ! Mm ! faisait Michka en se régalant, que la vie est belle dans les bois ! Jamais plus je ne serai un jouet, ça, non !

Naturellement, quand il eut bien déjeuné, qu'il se fut bien frotté son petit ventre rond, il eut envie d'aller faire la sieste en haut de l'arbre.

Il grimpa donc et s'installa dans les branches et dormit un bon coup.

Quand il se réveilla, c'était presque le soir... Deux oies sauvages s'étaient posées à la cime de l'arbre pour se dégourdir les pattes et on les entendait causer.

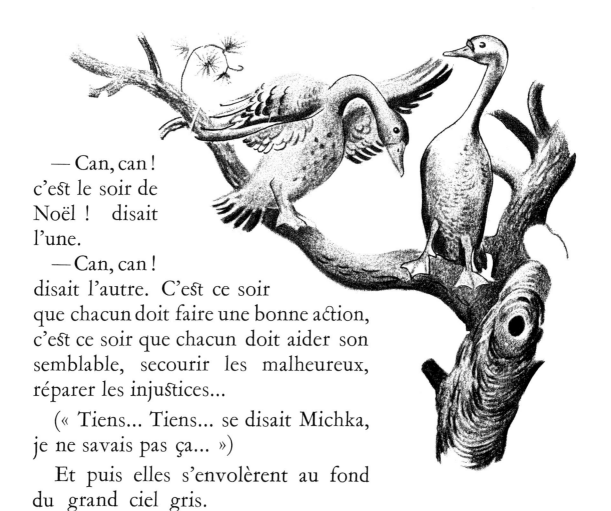

—Can, can !
c'est le soir de
Noël ! disait
l'une.

—Can, can !
disait l'autre. C'est ce soir
que chacun doit faire une bonne action,
c'est ce soir que chacun doit aider son
semblable, secourir les malheureux,
réparer les injustices...

(« Tiens... Tiens... se disait Michka,
je ne savais pas ça... »)

Et puis elles s'envolèrent au fond
du grand ciel gris.

15

Et Michka descendit de son arbre et repartit dans la neige, cherchant une bonne action à faire...

Mais on eût dit que la terre où il était arrivé maintenant était toute déserte. Pas une maison, pas un animal, rien que la neige et les grands bois.

Soudain, voici qu'il entendit des grelots. C'était un traîneau, tiré par un renne. Le renne était blanc, son harnais était rouge et parsemé de clochettes, et tout ça

était très joli ; et aussi, dans ses beaux yeux longs, le renne avait une lumière comme on n'en voit pas sur cette terre, assurément.

Sur le traîneau, il y avait un grand sac, tout gonflé, tout bossu. C'était le Renne de Noël qui faisait sa distribution, comme c'est l'usage dans les pays du Nord, où il y a bien trop de neige pour qu'un Bonhomme Noël puisse cheminer à pied.

— Grimpe vite, dit le Renne à Michka, tu m'aideras...

Oh ! ça, c'était amusant !

Le traîneau volait sur la neige. La nuit était venue, mais il y avait tant d'étoiles au ciel qu'on y voyait comme en plein jour.

A chaque village, à chaque maison, le Renne s'arrêtait

et Michka, entrant à pas de loup, mettait dans la cheminée un chemin de fer, un pantin, une trompette, tout ce qui lui tombait sous la main en fouillant dans le grand sac.

Michka s'amusait comme un fou ; s'il était resté, sage petit joujou, dans la maison d'Elisabeth, aurait-il jamais connu une nuit pareille ?

De temps en temps, cependant, il pensait :
— Et ma bonne action, dans tout ça ?

Alors, on arriva à la dernière maison ; c'était une cabane misérable, à la lisière d'un bois.

Michka fourra la main dans le grand sac, tourna, fouilla : il n'y avait plus rien !

— Renne, ô Renne ! Il n'y a plus rien dans ton sac !

— Oh ! gémit le Renne.

Dans cette cabane, il y avait un petit garçon malade ; demain matin, en s'éveillant, verrait-il ses bottes vides devant la cheminée ?

Le Renne regardait Michka de ses beaux yeux profonds.

Alors Michka fit un soupir, embrassa d'un coup d'œil la campagne où il faisait si bon se promener tout seul et, haussant les épaules, levant bien haut ses pattes, une, deux, une, deux, pour faire sa bonne action de Noël, entra dans la cabane, s'assit dans une des bottes, attendit le matin...

Imprimé par Pollina, Luçon, France - L66275 - 08.2013 - Dépôt légal : 3e trimestre 1947
Éditions Flammarion, 87 quai Panhard-et-Levassor 75647 Paris Cedex 13 (N° L.01EJDNFP0240.C046).
Loi n°49-956 du 16 juillet 1949 sur les publications destinées à la jeunesse.